Hermann MIZIDY

Un Puzzle de lois 242 du 5.0

Hermann MIZIDY

Un Puzzle de lois 242 du 5.0

L'enfant sous la loi du numérique

Éditions Muse

Cover image: www.ingimage.com

Publisher:
Éditions Muse
is a trademark of
Dodo Books Indian Ocean Ltd. and OmniScriptum S.R.L publishing group

120 High Road, East Finchley, London, N2 9ED, United Kingdom
Str. Armeneasca 28/1, office 1, Chisinau MD-2012, Republic of Moldova, Europe
Printed at: see last page
ISBN: 978-620-4-96254-2

Un Puzzle de lois 242 du 5.0

L'enfant sous la loi du numérique

Hermann Mizidy

REMERCIEMENTS

Plusieurs personnes tant morales que physiques ont contribué à la réalisation du présent ouvrage:

Mrs Clément MOUAMBA (feu) et Anatole Collinet MACKOSSO pour l'opportunité accordé de travailler au sein du Cabinet dans le domaine des postes, télécommunications et numérique ;

Mr Luc MISSIDIMBAZI, d'avoir encouragé ma reconversion dans ce monde du numérique depuis le Projet Central African Backbone, au Cabinet du Premier Ministre, Chef du Gouvernement ;

Primature

Association PRATIC, Osiane

Agence de Régulation des Postes et des Communications Électroniques (ARPCE)

Direction Générale Développement de l'Economie Numérique (DGDEN)

Centre Informatique de Recherche de l'Armée et de la Sécurité (CIRAS)

Mr Borel DEBY GASSAYE, pour les apports explicites ;

Mr Pascal MOUANDZA, qui a distance et d'une manière sourdine à apporter sa petite touche ;

Mme Sara TSASSA et Mr Duprat ELONGO pour les encouragements ;

Mr Dorel, par sa disponibilité, sa patience et son souci du travail bien fait ;

Mr Olaf OQUEMBA, par sa confiance, son respect et son grand professionnalisme ;

Mes filles Nkinzi, Vanella, Mavie et Vesna par leurs taquineries quotidiennes et leurs activités numériques qui m'ont permis de mesurer l'usage des lois ;

et, enfin, ma merveilleuse épouse Brunella M. par ses commentaires pertinents, ses encouragements et son amour

AVANT PROPOS

1997 est l'année de l'ouverture à la concurrence du secteur des télécommunications en République du Congo, notamment la téléphonie qui connaît de profondes changements chaque année qui passe, dans les infrastructures, les outils, les produits et les services. On assiste, d'une part, à la mise en place d'un nouveau mode de gestion (gouvernance) et, d'autre part, à l'arrivée, tour à tour, de nouveaux opérateurs privés exploitant des services à valeur ajoutée : la téléphonie. Le fait majeur qui marque ces changements réside dans le passage qui s'est opéré entre l'époque dominée par la seule et unique société opérant dans ce secteur, à savoir l'Office Nationale des Postes et Télécommunications (ONPT) et son ouverture à la concurrence. L'ex ONPT a donné naissance à deux entreprises publiques, l'une évoluant dans la téléphonie et l'internet sous le nom commercial de Congo Télécom et la seconde évoluant dans le secteur des Postes et de l'Epargne en sigle SOPECO (Société des Postes et de l'Epargne du Congo).

Les transformations de l'organisation du secteur des télécommunications que ces changements mettent en place se trouvent être à l'origine des actions et actes liés au numérique que notre société connait dans les secteurs de la téléphonie et du numérique.

L'analyse des textes (lois et règlements) touchant le secteur du numérique, nous montre une évolution très déterminant dans le secteur du numérique. Il structure la marche des citoyens et les outils au sein du cyberespace dans le marché national, et, surtout mondial.

La connaissance des textes (lois et règlements) du secteur numérique, nous donne accès à un cadre favorable à la protection et à la sécurité au sein de l'internet avec l'ensemble des objets connectés. Mais aussi de faire face aux conséquences morales, sociales, économiques, techniques soumis à ce secteur. Le numérique ouvre à une organisation fonctionnelle bien spéciale, il est aussi présent dans le fonctionnement d'autres secteurs d'activités de la société.

Le numérique dispose aussi d'une particularité : sa transversalité. La particularité qui caractérise ce secteur n'est pas le seul élément de son interaction avec les autres secteurs. Elle est aussi le fait de la place qu'occupe le numérique en milieu jeune, au sein de la société mondiale. Dans la quasi-totalité des pays, la jeunesse est une population majoritaire et elle s'approprie les divers outils numériques dès la sortie sur le marché mondial.

Les pays d'Afrique, dont le Congo, présentent les mêmes caractéristiques dans le domaine du numérique pour les enfants, les jeunes. Et dans le cadre de la vulgarisation des textes (lois et règlements) du numérique, nous nous référons aux lois nationales publiés depuis quelques années ainsi que certaines contributions d'acteurs du numérique, du droit des enfants dont les enseignements présentent un intérêt particulier pour la compréhension et l'analyse des situations de vie de la jeunesse dans le cyberespace. Plus particulièrement, dans les modèles à suivre et les bonnes actions à faire.

De ce fait, les efforts individuels de protection et de sécurité pour réduire la fracture numérique (ou encourager la confiance numérique) élèvent le niveau de protection et de sécurité collective. Justement la solidarité entre l'Etat, parents, amis et voisins apparaît comme la forme efficace pour une assurance de protection et de sécurité maximale. A cela s'ajoute, le sens que dans la connectivité sociale, la famille au sens large africain, joue un grand rôle dans l'installation de la confiance pour une sécurité maximale dans le cyberespace (internet).

C'est dans ce contexte que le marché de l'internet se caractérise par une forte activité de la jeunesse (enfants) avec des opérateurs offrant des prix ou forfaits adaptés, mais aussi par un manque de contrôle parental pour les parents illettrés du numérique ou non.

Une idée émerge, celle de la structuration du marché concurrentiel de la téléphonie ou de l'internet, des outils numériques ; rôle que joue l'Agence de Régulation des Postes et des Communications Électroniques (ARPCE). Cela est complété par un contrôle de qualité des outils et l'émergence de diverses applications adaptées ou non aux enfants. Mais aussi le pourcentage élevé de la fracture numérique entre les parents et les adultes dans nos pays, pour des solutions adaptées à chacun.

Ainsi, à la lumière de l'ensemble des textes, cette contribution écrite pour les enfants tentera de répondre aux interrogations suivantes :

- *quelles sont les textes (lois, décrets, circulaires, ...) du secteur du numérique au Congo ?*
- *L'enfant est-il au centre des textes du secteur du numérique au Congo ?*
- *Et vers quelle administration publique l'enfant peut-il faire appel pour se protéger ?*

À cet ensemble de préoccupations recensées, nous partageons une idée centrale pour le numérique en faveur des enfants. Une idée qui consiste à construire autour de : la nature des textes en vigueur, les caractéristiques socio-congolaise de l'enfant dans le secteur du numérique, cela constitue des points importants du dynamisme dans le secteur du numérique au Congo.

Notre démarche est basée sur une présentation et une exploitation des textes de lois et des règlements publics de la République du Congo. Cette approche va conduire aux commentaires de chaque texte et la présentation de la structure administration émettrice de la loi ou des lois. Elle permet d'apprécier la situation de chaque loi en matière d'utilité et de résultat par rapport à la position de l'enfant.

Afin de répondre aux préoccupations de l'enfant, cette approche est structurée en deux sections.

La première section consiste à présenter et à analyser les lois et autres textes sur le numérique, qui touche la vie de l'enfant vivant dans le cyberespace. Et à la lumière de la présentation de chaque loi ou texte dans la première section, dans la deuxième section nous verrons les principaux gestes à éviter et à faire sur internet par l'enfant, les parents et la communauté (Etat), puis une présentation des perspectives d'évolution des textes va s'en suivre.

PRESENTATION ET ANALYSE DES LOIS SUR LE NUMERIQUE

En 2009, nous avons vu entrer en vigueur ceux que nous pouvons considérer comme les premiers textes règlementaires prenant en compte le numérique à travers les communications électroniques et les autres outils. Ce secteur du numérique est secteur toujours en mouvement croissant avec l'évolution des technologies, d'autres lois vont suivre. Effectivement comme nous l'explique en 1972 dans le journal français *Le Monde* le journaliste J.C. SOUMIA : « l'évolution de nos technologies est inévitable, elle est liée à l'insatisfaction de l'homme, à ses désirs, à ses ardeurs. Personne ne peut arrêter cette marche. À lui de veiller à ce que les avantages surpassent les conséquences fâcheuses », et, Nicolas BERUBE de nationalité canadienne d'ajouter : « les prévisions technologiques jaunissent plus vite que le papier journal.

La République du Congo qui vise à mettre la confiance au centre des citoyens, des entreprises et des pouvoirs publics à l'égard du numérique, ne ménage aucuns efforts dans l'aboutissement de différents textes réglementaires ou lois.

Respectant les principes de gestion administrative et juridique du pays, des fonctionnaires, des universitaires, des experts, des hommes de droit, l'ensemble des citoyens, et enfin des parlementaires sont réunis chacun à son tour dans le but de rédiger, examiner et voter les lois. Les jeunes et les enfants du monde, du Congo font partie intégrante de cette aventure de loi après lois.

Au sein du Gouvernement en République du Congo, un Ministère en charge du numérique mène la danse lorsqu'il est question du numérique : lois et règlements. Des parties prenantes du numérique et de la communauté citoyenne se rassemblent autour du Ministère pour la rédaction des lois et des textes des secteurs des télécommunications et du numérique.

Le Ministère présente ensuite lors d'une réunion de l'ensemble des Ministres du Gouvernement, la réunion se nomme : *Conseil de cabinet*, réunion placée sous la haute autorité du Premier Ministre, Chef du Gouvernement. Puis lors d'une seconde réunion réunissant le Gouvernement conduit par le Premier Ministre, sous la très haute autorité du Président de la République, cette réunion se nomme *Conseil des Ministres*. Lors du *Conseil des Ministres* les textes sur le numérique, puis les textes sont transmis aux deux chambres du Parlement (Assemblée nationale et Sénat) pour le vote. Le Gouvernement défend les textes au Parlement. L'adoption par les deux chambres, des projets de lois soumis par le Gouvernement, nous passons du projet de loi à loi. Puis elles sont promulguées par le Président de la République.

La promulgation des lois entraine l'entrée desdits textes. Les citoyens et les administrations doivent veiller à leur respect, même l'enfant.

En général, l'enfant s'exprime par de vifs traits d'esprit brillant, des questions imprévues et souvent par une interrogation muette et prompte des yeux et du visage, c'est de la curiosité. Point de degrés logiques, ni de suite dans cette démarche précipitée de sa jeune raison.

Mais aussi, l'enfant est aussi une personne vive, éveillée, malicieuse, mais sans méchanceté.

Ici nous sommes face à cet enfant-là, curieux et espiègle qui veut comprendre les lois du numérique.

Comment concilier intérêts nationaux congolais et lois du numérique ? À quoi peuvent servir des droits et des devoirs inscrits dans la législation du 242.cg et celle du monde ? Mon image est-elle compatible avec elles ? Le Congo est-il réellement le pays avec des lois dans le domaine du numérique ?

Grâce à son innocence, l'enfant s'interroge sans détour avec humour lucide et intelligence. En s'appuyant sur la pédagogie et des exemples emblématiques de l'action du Gouvernement.

Plongé et révélé les coulisses, sans rien cacher des contraintes de ces lois qui, ont bien des égards, participe au supplément d'âme de la réduction de la fracture numérique au sein de notre pays.

En se dotant depuis 2009 des lois qui contribues à la transformation des secteurs de l'internet et du numérique, le Congo ne veut pas être en marge de la modernité avec des textes de lois couvrant plusieurs domaines en lien avec l'internet et une stratégie nationale de développement de l'économie numérique pour favoriser un accès aux infrastructures et services numériques à tous et pour tous. Plusieurs lois, décrets et autres textes ont été pris jusqu'à ce jour.
Point n'est besoin de se poser la question par où commencer ? Le commencement prend son départ précisément à l'année 2009. Qu'est-ce qu'il y a eu cette année-là ?
Comme mentionné plus haut, le secteur des télécommunications connait des changements énormes, les technologies changent et évoluent sans arrêt et ceux qui bouleversent le mode de vie des sociétés, de la famille, des citoyens, ainsi que celle des enfants.

Tout va toujours très vite : comme Speedy Gonzales, « la souris la plus rapide de tout le Mexique ».

L'Afrique et le Congo ne sont pas en marge de toutes ces avancées technologiques dans le numérique et les télécommunications.
Plusieurs secteurs de la vie économique et sociale sont en partie digitalisés au point où, l'absence l'accès à Internet est traitée de vieille classe ou pas du tout branchée.

1- Loi n° 9-2009 du 25 novembre 2009 portant réglementation du secteur des communications électroniques ;
Loi n° 11-2009 du 25 novembre 2009, portant création de l'Agence de Régulation des Postes et des Communications Électroniques (ARPCE).

Le commencement est marqué par deux textes, une première loi qui règlemente et une seconde qui créée un établissement public (administration).
C'est dans ce contexte que les activités liées au secteur des communications électroniques (numérique) sont réglementées par : la loi n° 9-2009 du 25 novembre 2009 portant réglementation du secteur des communications électroniques et la loi n° 11-2009 du 25 novembre 2009, portant création de l'Agence de Régulation des Postes et des Communications Électroniques (ARPCE).
L'ARPCE est un établissement public, il est sous tutelle du Ministère en charge des postes et des communications électroniques.
L'ARPCE prend et exécute tous les actes et les décisions nécessaires à l'exercice de ses fonctions :

- Instruire et règlementer administrativement pour la régulation des secteurs des postes et des communications électroniques ;
- Mettre des règles, règlements et instruments administratifs nécessaires à son fonctionnement ;

L'agence peut aussi :

- sanctionner, tout opérateur des postes et des communications électroniques, qui se rend coupable des violations manifestes des lois et règlements ;
- contrôler et d'inspecter les réseaux et services des postes et des communications électroniques, conformément à la réglementation ;
- rendre des arbitrages sur les litiges opposant les opérateurs entre eux ou avec les usagers.

Et si nous parlons de quelques missions confier à cet outil important pour le numérique :

- l'ARPCE contribue à l'élaboration de la réglementation en matière des postes et des communications électroniques et donner des avis techniques sur leur évolution ;
- l'ARPCE veille à l'application des textes législatifs et réglementaires régissant les secteurs des postes et des communications électroniques ;
- l'ARPCE fixe les spécifications techniques et administratives d'agrément des équipements terminaux (comme la tablette ou le téléphone) ;

- l'ARPCE veille au respect, par les opérateurs (des secteurs des postes, télécommunications et des communications électroniques), des clauses figurant dans leurs licences, autorisations, agréments et cahiers des charges ;
- l'ARPCE garanti l'exercice d'une concurrence saine et loyale dans les secteurs des postes et des communications électroniques ;
- l'ARPCE gère et contrôle le trafic téléphonique ;
- l'ARPCE approuve et contrôler, avant leur mise en application, les tarifs fixés par les opérateurs;
- l'ARPCE défini, établi et contrôler les normes de qualité de service dans les secteurs des postes et des communications électroniques ;
- l'ARPCE protège les intérêts des utilisateurs dans les secteurs des postes et des communications électroniques ;

Cet outil mise en place en 2009, comment se finance-t-il ? Elle se finance :
- par la taxe de régulation venant des opérateurs des secteurs régulés ;
- par les produits des droits relatifs aux déclarations d'ouverture des services soumis à déclaration;
- par les produits des droits pour l'agrément des équipements terminaux de communications électroniques ;
- par les produits des frais d'acquisition pour les documents publiés par l'agence notamment les rapports publics ainsi que les dossiers de consultation remis aux candidats à l'obtention d'une autorisation d'établir et/ou d'exploiter un réseau postal ou radioélectrique de communications électroniques ouvert au public ;

Mais aussi à travers une subvention de l'Etat, des dons et legs ou toute autre ressource ou dotation qui peut lui être attribuée.

Depuis la mise en œuvre effective de cet outil (ARPCE), plusieurs initiatives ont été prises en faveur des consommateurs (parents, enfants et entreprises). Nous citons comme exemple, la mise en place du centre d'écoute des consommateurs le 50 50, joignable gratuitement à partir de tous les réseaux de téléphonie mobile du pays. Il traduit l'action de cette agence à garantir le respect des droits de consommateurs, de les protéger contre les mauvaises pratiques commerciales et d'assurer le contrôle des plaintes, cela est l'une de ses missions. Et l'ARPCE a encouragé la mise en place d'une organisation à but non lucratif spécialisée dans la promotion des technologies de l'information et la communication (TIC) et de l'incubation des startups, dénommée *Yekolab*. Pour l'ARPCE, le Centre d'Excellence *Yekolab* est un moyen de contribuer à faire émerger des talents et à promouvoir l'entrepreneuriat dans le secteur des TIC, un secteur qui produit beaucoup de richesse. C'est aussi une occasion d'aider

la jeunesse à découvrir le génie qui se cache en chaque jeune afin qu'ils soient des hommes meilleurs, capables d'impacter et faire rayonner le Congo de l'intérieur ainsi que de l'extérieur.
Mais aussi, cette agence encourage des initiatives individuelles ou collectives (association ou ONG). Le sponsoring qui apporte depuis la première édition d'*Osiane* qui est la dénomination usuelle du Salon International des Technologies et de l'innovation qui se déroule chaque année dans la capitale Brazzaville, depuis 2017. *Osiane* s'est imposé au fil des éditions comme la plateforme d'échanges qui consiste à développer et entretenir des relations mutuellement bénéfiques (réseautage), offrant un cadre privilégié aux parties prenantes à l'innovation centrée sur les TIC et fondant les écosystèmes numériques des pays d'Afrique.

Dans le domaine du numérique, parents et enfants ne devraient pas être mabouls, mais plutôt lucides pour y être et se sentir en sécurité.

2- Décret n° 2019-150 du 17 juin 2019 portant approbation de la stratégie nationale de développement de l'économie numérique

Par décret du 17 juin 2019, le Congo s'est doté d'une stratégie de développement de l'économie numérique. Cette stratégie est mise en œuvre par la Direction Générale de l'Économie Numérique.
Notre stratégie nationale doit favoriser un accès équitable aux infrastructures et services numériques pour les entreprises et les citoyens. Elle encourage le développement d'activités à la valeur ajoutée, créatrices de contenus numériques locaux, ainsi que la digitalisation des services publics.
Connais-tu des services publics ?
Parmi les services publics nous pouvons noter :

- le service des pièces d'état civil ;
- les paiements numériques des impôts et taxes, ...

La stratégie repose aussi sur les infrastructures numériques, ainsi que sur la protection de la vie privée des utilisateurs, dont l'objectif est de réduire la fracture numérique au Congo. Cette réduction de la fracture numérique passe par la formation des hommes, des femmes et des enfants, mettre toute la communauté dans les rangs de la stratégie. En effet, la stratégie prévoit qu'au sein des écoles primaires et secondaires, les apprenants se familiarisent à l'usage, aux métiers et aux enjeux des TIC (Technologies de l'Information et de la Communication). Ceci implique l'ensemble du système éducatif national du primaire, au secondaire jusqu'aux universités, instituts supérieurs d'enseignement. Et aussi, d'encourager les recherches liées aux technologies du numérique et l'enseignement à distance.

Malgré le statut de pays en voie de développement, au Congo l'enfant ne connait pas l'illectronisme, illettrisme numérique, ou encore illettrisme électronique. L'enfant ne connait pas la difficulté ou l'incapacité, à utiliser les appareils numériques et les outils informatiques. L'enfance actuelle n'a aucune raison d'être en manque ou d'avoir une absence totale de connaissances à propos du fonctionnement des outils numériques ; l'enfant actuel est né et grandi dans ça.

La connaissance des textes réglementaires et lois de l'Etat qui traitent du numérique est aussi un moyen de mieux vivre dans le cyberespace, surtout de participer à la réduction de la fracture numérique.

3- Loi n° 29-2019 du 10 octobre 2019 portant protection des données à caractère personnel.

La communauté, enfant et enfant, doit connaitre cet important texte de loi voté par les deux chambres du parlement (Assemblée Nationale et Sénat) et promulgué par le Président de la République, ce texte est appelé loi n° 29-2019 du 10 octobre 2019 portant protection des données à caractère personnel.
Cette loi met en exergue la vulnérabilité de la personne humaine face à la publication et la diffusion de son image dans le cyberespace : internet. Nous savons tous que l'enfant fait partie intégrante du cyberespace. La loi 29 place la personne (enfant) au centre de cette loi. Cette loi 29 nous enseigne que la personne particulièrement l'enfant mérite une protection en ce qui concerne les données à caractère personnel. Concernant la place de l'enfant dans cette loi, sachant que l'enfant peut être moins conscient des risques, des conséquences et des garanties concernées et de ses droits liés au traitement des données à caractère personnel.

Les enfants, les mineurs ou plus grands, vivants en République du Congo s'inscrivent massivement sur les réseaux sociaux. Les enfants sur internet prennent-ils le temps de lire les Conditions Générales d'Utilisation (CGU) du service avant la création de chaque compte, ils s'engagent, de fait, dans une démarche d'ordre contractuel sans mesurer les risques.
Tous les enfants ont des droits numériques qui doivent connaitre, et ils doivent pouvoir les exercer dans le cyberespace mais aussi ailleurs. Les lois mises en place et les instances de gestion (gouvernance) entendent accompagner chaque pas des enfants dans le cyberespace en compagnie des parents comme des professionnels de l'internet.
Pour cette présence massive des enfants sur internet, la sécurité de la part de la société est nécessaire pour une protection des données personnelles réelle et effective.

Ayant tous la vive capacitée d'encadrer les enfants, les mineurs et les plus grands sur internet.

A la lecture de cette loi portant protection des données à caractère personnel et d'autres qui vont s'en suivre, il y'a des raisons juridiques et pratiques qui militent en faveur de l'exercice de ses droits numériques par l'enfant lui-même sous surveillance parentale et de l'Etat. Et la mise en place très prochaine de la Commission de Protection des Données Personnelles viendra pour parachever cet exercice.

Ensemble, encourageons nos enfants à l'exercice de leurs droits sur internet et en dehors.

Dans ce monde numérique, plus qu'ailleurs le rôle des parents est vraiment crucial. Ils sont des acteurs de premier plan de l'éducation au numérique des enfants. Chaque parent est un accompagnateur de premier choix de l'enfant sur internet dans la protection et le respect des droits de l'enfant. Les parents apportent une sécurité morale aux enfants, c'est la première couche de sécurité offerte aux enfants.

Que la nation toute entière accompagne les parents dans l'éducation au numérique de toutes les composantes de la société.

Les enfants doivent connaitre un mot qui est essentiel dans le domaine du droit : *le consentement*. Que dit le droit universel ; il accorde une certaine place au consentement du mineur pour le traitement de ses données, accompagné de celui de ses parents lorsqu'il a moins de 15 ans.

Le parent et l'enfant doivent rechercher ensemble la sécurité et la confiance sur internet.
Mais le consentement n'exclut pas le contrôle respectueux. La nation et les parents doivent contribuer à la promotion des outils de contrôle parental respectueux de la vie privée et de l'intérêt de l'enfant pour un futur sécurisé de l'enfant sur internet.

Les utilisateurs des outils numériques dans le cyberespace doivent être correctement informés de la façon dont ses données sont utilisées par les opérateurs. Cette information doit être adaptée et accessible à l'âge de l'utilisateur indiqué. L'âge de l'utilisateur est un élément important pour le niveau de protection des données de chaque utilisateur.
Les opérateurs et les gestionnaires des plateformes doivent renforcer au quotidien les droits des mineurs qui devraient aussi se traduire par la mise en place de plusieurs mesures de protection spécifiques, par et sur les sites, les services et les applications qu'ils sont susceptibles d'utiliser, et ce, dès leur conception.

4- ***La loi n° 30-2019 du 10 octobre 2019*** **portant création de l'agence nationale de sécurité des systèmes d'information (ANSSI)**

Cette loi offre au Congo un nouvel outil dans la protection de l'Etat et des citoyens dans le cyberespace.

En ces années 2020, nos enfants passent plus de temps connecté sur internet que toute génération avant eux. Tous les outils mis à leur disposition sont numérisés, des tablettes, téléphones aux téléviseurs, en passant par les consoles de jeux. Ils peuvent se connecter à tout moment sur Internet.

Cette nouvelle agence est chargée d'assurer, pour le compte de l'Etat, le contrôle et le suivi des activités liées à la sécurité des réseaux de communications électroniques et des systèmes d'information, ainsi que le suivi des activités liées à la sécurité des réseaux et systèmes d'information ainsi que le suivi des activités liées à la cryptologie réalisée par les organismes publics et privés sur le territoire national.

L'arrivée des nouvelles technologies de l'information et de la communication transforme la vie de chaque individu comme celle de l'enfant dans l'espace et le temps.

Et cette arrivée et développement ne sont pas sans conséquences néfastes pour la société, ainsi que l'enfant. Le numérique à des avantages multiples et tout individu, est exposé aux risques nouveaux, notamment, la protection des données à caractère personnelle, les transactions électroniques, etc.

Oui cette insécurité croissante et réelle qui menace tant les réseaux que les infrastructures numériques sur lesquels se reposent non seulement la sécurité et la souveraineté d'un Etat, mais aussi son économie. Nous et notre Etat, nous devons mettre en œuvre des mesures de prévention, de protection et de dissuasion. Pour se sentir mieux et en sécurité à travers les réseaux de communications électroniques et les systèmes d'information, pour la protection de la vie privée des citoyens.

Aujourd'hui, le Congo à renforcer son cadre législatif national et son cadre institutionnel.

Nous admettons que les enfants sont sur internet plus que jamais, mais il est important plus que tout, qu'ils sachent comment utiliser Internet en toute sécurité et sûreté.

Les experts ont mis en place des pratiques simples que les enfants peuvent apprendre aujourd'hui pour les préparer à toute une vie de cybersécurité. Voici un petit nombre de choses que vous pouvez apprendre aux enfants à prendre en compte lorsqu'ils sont sur internet :

- L'hameçonnage existe aussi pour les enfants
- Le surpartage en ligne
- Les logiciels malveillants sont aussi attrayants que les autres

Ugly.
Loser

5- **Loi n° 37-2019 du 12 décembre 2019 relative aux transactions électroniques**

Cette loi vient apporter une réponse à l'utilisation accrue des monnaies électroniques (numériques), à la multiplication des systèmes de paiement et au développement de nouveaux logiciels de chiffrement. Il existe de systèmes de paiement mais d'autres sont des systèmes de paiement anonyme, ceux qui aident à occulter les transactions relatives à des crimes d'abus sexuels sur des enfants et d'exploitation sexuelle d'enfants commis à la fois en ligne et hors ligne.
La loi règlemente et protège les transactions de chaque individu du cyberespace. Elle sécurise chaque mouvement électronique d'argent du point d'envoi vers le point de reception.

Les adultes doivent s'assurer que l'enfant comprend bien les responsabilités qui viennent avec une carte de crédit électronique, avant de lui en mettre une entre les mains.
A ce jour, il y a plusieurs modes de paiement électronique et d'achat en ligne accessibles aujourd'hui, les enfants sont exposés aux cartes bancaires (ou cartes de crédit) plus tôt que les générations précédentes. Dans un monde où l'on utilise de moins en moins d'espèces, la tirelire ou autres moyens anciens de conservation d'argent ne suffisent plus pour leur apprendre à bien gérer leur argent.
Quel que soit leur âge, les enfants doivent être renseignés sur les moyens de paiements numériques bien avant d'en détenir une. C'est la maturité de l'enfant qui permettra de déterminer s'il peut ou non assumer les responsabilités d'un paiement électronique.
Les enfants n'ont pas le droit d'effectuer une transaction numérique à leur nom avant d'avoir atteint l'âge de la majorité, les parents peuvent demander de tels services pour leurs enfants de tout âge sous leur supervision.
Il est toutefois possible pour les jeunes d'ouvrir un compte d'épargne lié à une carte de débit avec l'autorisation d'un parent ou d'un tuteur.

Cher enfant voici une histoire pour toi sur le téléphone :
« Pour son anniversaire, une mamie de Louingui dans le département du Pool reçoit un téléphone portable (smartphone de son petit-fils. Pendant plusieurs heures, il tente vainement de lui expliquer le fonctionnement. Découragé, il lui demande de mettre simplement le téléphone dans son sac et, quand il sonne, d'appuyer sur le bouton vert de l'écran.
Plus tard, la mamie va faire des courses et, en entrant dans la boulangerie de Mikalou,

entend son téléphone sonner. Elle presse alors le bouton vert et entend son petit-fils :

- Félicitations, mamie, tu as réussi à répondre. Tu vois ce n'est pas si compliqué !

Et la grand-mère toute fière :

- Oui, c'est vrai, c'est facile ! Mais comment as-tu su que j'étais à la boulangerie ?

6- Loi n° 26-2020 du 5 juin 2020 relative à la cybersécurité
Loi n° 27-2020 du 5 juin 2020 portant lutte contre la cybercriminalité

Nous sommes en 2022 et plus que jamais, le monde admet et comprend l'importance de la sécurité, à la fois en ligne (internet) et dans le monde réel. Ayant vécu des événements qui ont contraint des familles du monde à être confinées, seuls les appareils connectés ont permis de communiquer avec le monde extérieur, leurs amis et leur famille.
Enfants et parents ont été conduits à s'adapter au nouvel environnement du travail ou école à domicile et à l'environnement des menaces virtuelles.

L'internet est vraiment amusant pour les enfants avec son lot de jeux, ainsi que des outils éducatifs. Hélas, les enfants actuels dépassent souvent leurs parents en matière de technologie, leurs profils numériques peuvent facilement devenir une cible pour les cybercriminels.

Nous devons apprendre aux enfants, les bases d'une bonne hygiène numérique sans avoir de limite d'âge. Nous devons surveiller les applications et les jeux auxquels les enfants accèdent. Cela se révèle peut être plus difficile de surveiller les adolescents et leur hyper activité en ligne.

Trop d'écran expose l'enfant au danger. Il est donc important d'apprendre aux enfants la notion de profil numérique et comment ils peuvent rester en sécurité tout en parcourant les sites webs, les réseaux sociaux.

Parents et Enfants réfléchissons à deux fois bien avant de poster quelconque image, vidéo ou information, à cette ère de tous réseaux sociaux.
Publier ou partager quelque chose en ligne peut sembler inoffensif pour l'enfant. Nous devons lui dire qu'il y a des dangers dans la manière de fonctionner le monde numérique.

N'oublions pas qu'une fois qu'une image est en ligne, c'est pour toujours. Nous vous conseillons, enfant de faire attention au partage sur les réseaux sociaux. L'enfant doit veiller à modifier les paramètres de son profil sur les réseaux sociaux afin que seuls ses vrais amis puissent le voir.

La popularité en ligne est un danger avec la course aux Like et followers pourrait admettre sans filtre dans la liste d'amis des cybercriminels.

La cyberintimidation (intimidation en ligne) crée aussi son chemin dans cette popularité ou cette non prise en compte des paramètres du profil.

Voici quelques graves effets néfastes que l'enfant pourrait rencontrer sur internet :

publication des commentaires méchants, répandre des rumeurs, menacer et même usurper l'identité d'une personne utilisant un faux compte pour nuire à la réputation en ligne.

Le harcèlement fait des ravages sur les réseaux sociaux et l'enfant devrait se sentir suffisamment à l'aise pour dialoguer avec les parents et toute la famille pour la dénonciation de toute personne qui pourrait chercher à lui nuire.

Aidons les enfants à être conscient de l'approche et à signaler immédiatement les intimidateurs aux plateformes en ligne ou aux autorités locales.

Sécurise tes comptes (messagerie) sur internet pour éviter le danger des dangers des e-mails d'hameçonnage (phishing) et de l'importance de protéger les informations personnelles.
L'encouragement et l'interdiction de l'enfant à ne jamais cliquer sur les liens suspects ou à ne jamais ouvrir les pièces jointes qu'il reçoit à partir d'adresses e-mail inconnues.
Ainsi, vous protégerez les informations privées de l'enfant propriétaire du compte, mais il faudrait toujours s'assurer qu'aucune malveillance n'affecte un appareil que d'autres membres de la famille pourraient utiliser.

Il est obligatoire que tous les comptes en ligne disposent de mots de passe bien sécurisés. Les comptes créent par les enfants lors des jeux en ligne, ce qui leur permet d'engager des interactions avec d'autres joueurs, doivent aussi obéir à cette obligation.

En effet, les risques de violations de données ne se limitent pas seulement aux comptes financiers, et toute base de données d'utilisateurs est utile pour les cybervoleurs.

Demandez à votre enfant de ne pas recycler les mots de passe et d'activer une méthode d'authentification à deux facteurs lorsque cela est possible.

L'enfant doit savoir que recycler les mots de passe est interdit et l'activation d'une méthode d'authentification à deux facteurs est conseillée.

La protection de l'identité en ligne de l'enfant est essentielle à l'ère numérique, et devenir une famille sensibilisée est un travail difficile mais souhaitée. Cependant, les avantages à long terme valent bien les efforts.

Gardons nos appareils à jour et partageons les conseils en cybersécurité avec les amis et les autres familles.

Sache le que l'hameçonnage n'est pas seulement pour les adultes mais aussi pour les enfants.

L'hameçonnage, en anglais phishing est une technique frauduleuse sur Internet visant à obtenir des renseignements confidentiels (mot de passe, informations bancaires…) afin d'usurper l'identité de la victime

L'hameçonnage est une tactique que l'ensemble des cybercriminels utilisent pour réaliser des actes de vol sur le cybermonnaie. Cette action est l'une des cybermenaces les plus courantes pour les citoyens congolais à l'heure actuelle. Plusieurs ont été victime des arnaqueurs se faisant passé pour Lisungi.

L'hameçonnage se produit généralement par courriel ou messages texte (sms), il peut se produire pratiquement à n'importe quel endroit que le cyberespace touche.

Ce n'est pas la jeunesse qui doit être un prétexte pour que les enfants ne soient pas une cible des fraudeurs. Les enfants sont des cibles potentielles lors des passages sur les plateformes de jeux par d'autres joueurs dans les jeux vidéo et des amis sur les applications de messagerie. Ils peuvent également être ciblés sur des applications de médias sociaux comme TikTok, Instagram ou YouTube.

Voici quelques hameçonnage qui peuvent être inclure dans les messages :

- Des offres de prix en échange de renseignements personnels
- Des liens vers des logiciels malveillants déguisés en jeux « gratuits » ou en contenu supplémentaire (objets en jeu généralement achetés avec de l'argent réel)
- Des demandes de renseignements personnels déguisées de façon amusante :

« Saviez-vous que votre nom de superhéros est le nom de jeune fille de votre mère plus la rue où vous habitez ? Publiez le vôtre ! »

Les adultes d'aujourd'hui reconnaissent unanimement que les enfants d'aujourd'hui sont des technophiles acharnés. Mais savoir comment fonctionne la technologie ne les protège pas de l'hameçonnage qui se multiplie chaque jour.

Apprendre aux enfants à se méfier des demandes d'information, peu importe à quel point l'offre est bonne ou la demande semble innocente, voilà une action que les parents doivent pérenniser.

C'est la meilleure façon d'empêcher que nos enfants soient des victimes d'une escroquerie par hameçonnage.

Attention, en ligne il y'a des criminels !

7- Loi n° 71-2022 du 16 août 2022 portant attribution du label startup du numérique et de l'innovation technologique

Au fil des années le nombre de startups se multiplie, avec un récent engouement en particulier pour le secteur du numérique.

Le Congo est fièrement engagé sur le plan numérique. Depuis les années 2010, c'est la montée en puissance de ses start-ups évoluant dans les fintech, e-commerce, et autres ...

Cette loi vise à accélérer le développement des startups, au Congo qui dit Startup, dit jeunes.

La loi sur le label startup va assurer une sécurité aux start-ups en vue de favoriser leur éclosion. A travers cette loi, le Congo s'engage à permettre aux start-ups et aux jeunes entrepreneurs de créer de la richesse et de la valeur ajoutée à l'économie du pays qui tend à se diversifier.

La loi pour les start-ups au Congo vise à leur faciliter l'accès aux avantages financiers et juridiques en vue de contribuer à leur éclosion.

Ensemble, découvrons cette histoire pour toi sur le téléphone :
Tara ne lâche jamais son téléphone. Jamais ! Toujours un copain à appeler, une appli à télécharger, un achat à effectuer en ligne, un jeu, une vidéo à regarder ...
Ça a déjà provoqué plus d'un conflit entre nous, mais il ne sait pas vivre sans. Il est addict. On part en vacances avec des copains, c'est pareil. Tout le monde l'appelle « la cabine téléphonique », il s'en fout.
On est à la plage, il finit par raccrocher, il dit : « Bon Mass je vais me baigner moi » et s'avance dans les vagues en mec qui l'a bien mérité. Tout à coup j'avise la poche de son maillot. Ce n'est pas vrai qu'il va se baigner avec son ... L'espace d'un instant je songe à le prévenir. Je ne dis rien.

8- Loi n° 69-2022 du 16 août 2022 portant création de l'Agence de Développement de l'Economie Numérique
Décret n° 2018-112 du 21 mars 2018 portant attributions et organisation de la direction générale du développement de l'économie numérique

Par décret n°2018 – 112 du 21 mars 2018, la direction générale du développement de l'économie numérique (DGDEN) est une administration technique du ministère en charge de l'économie numérique. Elle assiste le ministre dans l'exercice de ses attributions dans le domaine de l'économie numérique. Elle travaille avec l'ensemble des acteurs de l'écosystème afin de réaliser la vision gouvernementale, celle d'arrimer le Congo au développement de l'économie numérique.

Et maintenant avec l'Agence de Développement de l'Economie Numérique (ADEN) qui sera, du point de vue juridique, différente de la DGDEN.

Encore une nouvelle agence donc un nouveau organe pour le secteur du numérique qui aura pour missions de mettre en œuvre les stratégies et plans d'actions en vue d'améliorer le secteur du numérique au Congo. Mais aussi promouvoir et inciter la population à l'usage des technologies de l'information et de la communication.

Cette nouvelle agence fera la promotion des politiques de formation et de recherches adaptées aux besoins du numérique au Congo, ainsi que la création de la production de l'offre des contenus digitaux dans le pays. De plus, elle va travailler pour le développement des centres urbains disposant de structures de recherche et d'enseignement techniques, ainsi que des industries de pointe (technopôles) et structures qui aident les jeunes entreprises du numérique en leur offrant formation, conseil et financement (incubateurs), mais aussi pour favoriser une manière de gouverner ou méthode de gestion (gouvernance) des systèmes d'information de l'Etat et de préparer la transition digitale.

La DGDEN assure la gestion technique du portail web officiel du gouvernement et l'identité numérique du Congo. L'ADEN, la nouvelle agence poursuivra avec la gestion technique du portail web officiel gouvernemental et l'identité numérique du pays, et, aussi la recherche des financements pour la réalisation des projets.

9- Décret n° 2019-123 du 3 mai 2019 fixant les modalités de gestion du Fonds pour l'Accès et le Service Universel des Communications Electroniques (FASUCE)
Décret n° 2019-123 du 3 mai 2019 fixant les modalités de mise en œuvre de l'Accès et le Service Universel des Communications Electroniques

C'est deux actions à savoir : 1- Assurer la couverture des zones blanches et/ou non desservies en Réseaux de Communications Électroniques ; 2- Connecter à internet les établissements scolaires universitaires, certaines administrations publiques et structures sanitaires et les équiper en matériels de Communications Électroniques, sont celles qui montrent aux yeux de la société et des citoyens l'opérationnalisation du FASUCE.

Voilà encore une nouveauté dans l'organisation et le financement des projets d'infrastructures numériques avec la publication de deux décrets.
Ces textes apportent une réponse dans la réduction de la fracture numérique entre les zones urbaines ayant une couverture large et les zones rurales ayant une couverture moyenne par les opérateurs de téléphonies. Ces textes sont les résultats à inscrire par rapport à la poursuite de la mise en œuvre de la loi n° 9-2009 du 25 novembre 2009 portant réglementation du secteur des communications électroniques.

Chaque citoyen à droit d'accéder à un minimum de services de communications électroniques à des tarifs vraiment abordables pour tous et sans discrimination sur l'ensemble du territoire national.

L'Etat a mis en place cet outil opérationnel de sa politique et de ses objectifs d'accès et de service universels.

Grâce à cet outil l'enfant quel que soit son lieu de résidence aura accès à la téléphonie et aussi à l'internet. Les préoccupations des citoyens des zones rurales et des communautés sociales défavorisées trouvent ici une réponse bien adaptée.

Le registre des textes des lois sur le numérique comprend à ce jour une dizaine de textes répartis en divers disciplines du secteur numérique. Ils vont de la protection des données et de la créativité numérique, garantissant la protection de données à caractère personnel ou d'intérêt individuel et l'accès ou l'utilisation interdit aux internautes, autres services privés et publics à certaines informations sans autorisation préalable. D'autres visent quant à elles la sécurité individuelle et collective sur internet avec toujours des condamnations en perspectives pour les citoyens hors la loi.

Pour illustrer l'action du FASUCE, voici un moment d'échange entre un père et ses filles :

- Mon papounet pourquoi emportes-tu la tablette si là-bas à Imvouba, il n'y a pas de connexion ? Moi j'ai laissé la mienne.
- Ma fille Kiki, c'est aussi valable pour vous mes grandes filles Vesna et Mavie, Imvouba est désormais connecté grâce au FASUCE avec une population de 2100 habitants,
- Super notre papounet, le wifi du kongossa sera ouvert depuis Imvouba !
- Mes enfants grâce au FASUCE, 16 écoles sont connectées, 36 administrations publiques sont appuyées à la connectivité, 74 localités couvertes et 185 000 est le nombre total de populations rurales connectées.
- Cool papa ! bientôt plus de zones blanches au Congo.

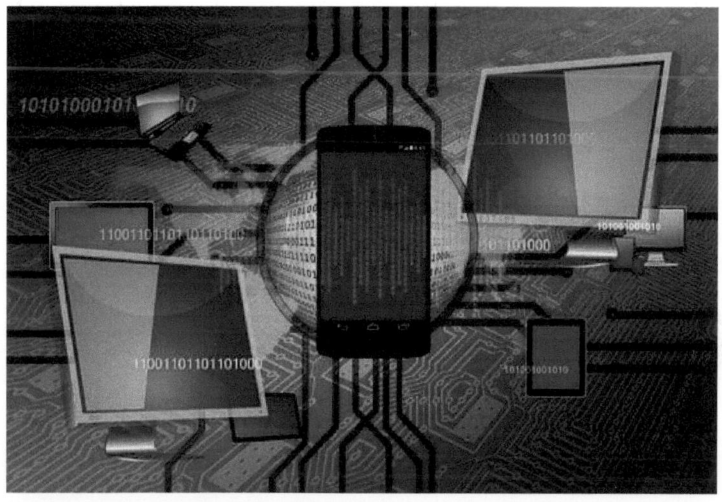

10- Décret n° 2018-238 du 19 juin 2018 portant création du portail web du Gouvernement
Décret n° 2018-239 du 19 juin 2018 portant obligation aux administrations publiques de créer un portail web
Circulaire n° 210007/PM-CAB du 05 juin 2021 relative à l'identité numérique du gouvernement

Le portail web ou site internet des administrations publiques (institutions, ministères, établissements ou entreprises publiques) d'information, de publication ou institutionnel sert de voie d'accès vers les différents sites d'un organisme (entreprise commerciale, institution publique). Il permet de rediriger l'internaute vers le site de l'organisme qui correspond le mieux à ses attentes en fonction de son profil.

Il n'y a pas à confondre l'identité numérique avec l'identité physique de la personne qui représente sa personnalité juridique, qu'elle acquiert à sa naissance par l'établissement d'un acte de naissance dressé par un officier d'état-civil.
L'identité physique d'une personne se traduit par son nom, son prénom, son adresse etc.
L'identité numérique quant à elle, regroupe un nom d'utilisateur, un mot de passe et une adresse électronique. Ces noms d'utilisateur renferment des comptes qui eux-mêmes renferment des centaines de milliers de données, souvent à caractère personnel.
L'identité numérique n'est donc pas une composante de la personnalité juridique et sa définition fait toujours débat.
Certains pensent par exemple en parlant de cette notion d'identité numérique « regroupant l'ensemble des traces laissées par un individu (adresses IP, cookies…), ses coordonnées d'identification, les contenues qu'il publie ou partage en ligne (blogs, avis, discussions, jeux), ses habitudes de consommation sur internet ou son e-réputation ».

RESUME

La mise en œuvre de ces textes qui favorise l'entrée du Congo au sein de la société de l'information institutionnelle digitale a stimulé un important développement des sites internet des services de l'Etat. Le nombre de ces sites est en constante progression, et plusieurs d'entre eux ont déjà connu une amélioration. La prise en compte, au côté des approches institutionnelles, des attentes des usagers et d'une véritable dimension de service, est manifeste, même si elle se déroule de façon très progressive. La variété des approches s'enrichit, avec notamment le développement de différents projets de portails. Compte tenu de ces évolutions, une démarche d'évaluation globale et régulière, centrée sur ces préoccupations, est à envisager car cela est utile et nécessaire.

C'est dans ce contexte que l'ADEN est créée, que les communicateurs et les informaticiens des ministères échangent régulièrement, et la mise en place d'un Ministère en charge de la réforme de l'État. Des reformes se mettent en place dans le domaine.

COMMENT MIEUX VIVRE SUR INTERNET ET PERSPECTIVES D'EVOLUTION DES TEXTES POUR L'ENFANT SUR INTERNET

Comment mieux vivre sur internet

Apres les énoncés de la partie précédente qui montre comment beaucoup d'entre nous, nous utilisons très certainement internet tous les jours. Une telle utilisation peut nous exposer à des risques si nous ne prenons pas les précautions nécessaires pour être en sécurité.

Parents, enfants et citoyens, maintenant que l'utilisation de l'internet fait partie de notre quotidien, nous avons facilement le sentiment d'être des experts en la matière mais la plupart d'entre nous avons juste appris à utiliser le web au fur et à mesure. Ignorant donc les principes de sécurité en ligne de base. Cette publication nous enseigne sur les lois et règles que l'Etat a prises pour le bon fonctionnement et notre sécurité sur internet, cela ne suffit pas

C'est pourquoi aujourd'hui on vous propose une petite piqûre de rappel de dix choses à ne jamais faire sur internet :

1. Éviter la visite des sites douteux ou illégaux

Il semble simple le conseil, mais il est finalement important : si un site web vous semble douteux, ou qu'il propose des services illégaux, ne vous y rendez pas.

Parmi les sites web qui peuvent vous exposer à des problèmes de sécurité, on compte notamment :

- Les sites de téléchargement pirates
- Les sites de vidéo en ligne (streaming) ou de vidéo à la demande (VOD) pirates
- Les sites pornographiques pirates

Il s'agit de véritables nids à virus très nuisibles, à éviter à tout prix.

De même, évitez de télécharger et d'utiliser un logiciel piraté ou "cracké". Si cela peut être attirant, notamment parce que cela évite l'achat du logiciel, sachez que non seulement c'est illégal, mais qu'ils sont généralement infectés par des multiples virus.

2. Faire ses mises à jour de sécurité

Enfant et parents, le saviez-vous ?

Un système d'exploitation, un navigateur ou un logiciel qui n'est pas à jour de ses correctifs de sécurité est un système très vulnérable aux attaques sur Internet. Les pirates profitent facilement de ces ouvertures de sécurité. Aussi, dès qu'un système vous propose une mise à jour, faites-la au plus vite.
Dès que possible, il ne faut pas hésiter d'effectuer les mises à jour.

3. Se protéger avec des mots de passe sécurisés

Selon de nombreuses études, *le mot de passe 123456 reste l'un des plus utilisés au monde*. Or, le mot de passe est l'une des premières mesures de sécurité qui peut vous protéger de l'hameçonnage. Pour éviter cela, choisissez un mot de passe compliqué à trouver.

Celui-ci doit :

- Contenir 12 caractères minimum
- Mélanger chiffres, lettres et caractères spéciaux
- Être anonyme (n'y intégrez pas votre date de naissance, le nom de votre chien ou autre)

La meilleure pratique est d'avoir un mot de passe pour chaque compte ou logiciel utilisé. La démarche vous semble complexe ? Pour gérer et stocker un grand nombre de mots de passe, procurez-vous un logiciel de gestion de mots de passe. L'outil Keepass, gratuit, a fait l'objet d'un agrément par une autorité nationale en Europe : vous pouvez vous y fier.

Choisir toujours des mots de passe sécurisés pour chaque compte.

Enfin, renouvelez régulièrement vos mots de passe, car même en étant prudent, il se peut qu'ils aient été compromis et que vous l'ignoriez.

4. Bien choisir son pare-feu et son anti-virus

Quel que soit votre système d'exploitation, votre matériel informatique ou votre outil numérique, vous ne pouvez pas faire l'impasse sur de bons logiciels anti-virus, qui vous protègent de différentes attaques par Internet.

Un bon anti-virus vous protège de tous les types de fichiers malveillants connus, à savoir :

- les virus, qui peuvent se cacher derrière des logiciels d'apparence bénigne

- les vers, qui sont souvent reçus par pièce-jointe dans les emails
- les chevaux de Troie (ou trojan) qui permettent d'accéder à vos données, voire de totalement contrôler votre ordinateur
- les spywares (ou logiciels espions), qui transmettent au pirate vos données personnelles

Munissez-vous également d'un système de sécurité de réseau informatique qui limite le trafic Internet entrant, sortant ou à l'intérieur d'un réseau privé (pare-feu). Cette fonctionnalité permet non seulement de vous protéger contre les intrusions provenant d'un réseau tiers quand vous êtes sur Internet, mais également de bloquer les connexions non désirées depuis votre ordinateur. La plupart des systèmes d'exploitation (Mac et Windows) ont un pare-feu intégré, et nombre d'anti-virus proposent aussi cette fonctionnalité indispensable.

5. Faire des sauvegardes régulières

Même si vous vous dotez de bons logiciels anti-malware, il est plus prudent de considérer que vos données ne sont jamais totalement protégées ; c'est pourquoi elles doivent faire l'objet de sauvegardes régulières, stockées sur des équipements déconnectés.

Attention les sauvegardes des données doivent être régulières pour une bonne sécurité de vos outils numériques !

6. Se protéger sur Internet avec un bloqueur de publicités

Les plugins bloqueurs de publicités pour les navigateurs web permettent de limiter l'exposition aux publicités potentiellement malveillantes. Certains navigateurs offrent déjà des fonctionnalités de ce type, mais l'ajout d'un tel *plugin* vous assurera un second moyen de protection.

Certains sites, comme les sites des médias en ligne, vous demanderont de désactiver votre bloqueur de publicités pour consulter le contenu du site web : faites preuve de vigilance et de discernement lorsque vous le faites.

Protèges-toi ! Fais attention aux publicités nuisibles.

7. Redoubler de vigilance face aux messages

Le courriel est l'un des leviers les plus puissants pour les pirates sur Internet. Gardez toujours un œil attentif à ce qui vous est envoyé par ce biais.

N'ouvrez pas les pièces jointes ou ne cliquez pas sur les liens dans les messages provenant d'utilisateurs inconnus. Il en va de même pour les messages provenant d'utilisateurs connus, mais dont la structure du message est inhabituelle ou vide.

Attention aux messages d'inconnus. Protèges-toi, toi-même !

8. Faire attention à la transmission des données

Dans le cadre personnel comme le cadre professionnel, vous avez souvent l'occasion de remplir des formulaires pour accéder à des informations, des promotions, ou pour vous inscrire à des événements ou des sites web. Lorsque vous vous apprêtez à transmettre des données, même les plus basiques, comme votre email, vérifiez à qui vous les transmettez :

- Consultez la Politique de Confidentialité du site web (qui doit normalement être mentionnée dans le formulaire lui-même, depuis la mise en application du RGPD).
- Ne transmettez jamais vos données personnelles (adresse, numéro de téléphone, coordonnées bancaires ou de carte bancaire, ou encore données sensibles concernant votre santé par exemple) par email à des inconnus.

La transmission de ses données à un tiers, nécessite une prudence et une vigilance.

9. Bien réfléchir avant de publier sur Internet

À l'ère intense des réseaux sociaux, il peut être tentant de publier des éléments de sa vie personnelle sur Internet. Cependant, il est important de prendre conscience de l'impact que peuvent avoir ces publications sur votre vie personnelle. Certains utilisateurs malveillants peuvent profiter de ce que vous publiez notamment pour :

- Connaître vos habitudes quotidiennes : on ne compte plus, par exemple, le nombre de cambriolages effectués grâce à une publication sur les réseaux sociaux qui indique que l'occupant était en vacances,
- Utiliser ou détourner vos photos : l'usurpation d'identité est commune sur Internet.

Quel que soit le paramètre de confidentialité que vous choisissez sur un réseau social, souvenez-vous que cela reste du partage d'information. Si seuls vos "amis" peuvent voir une publication, elle reste publiée sur le web, à la portée de potentiels utilisateurs malveillants.

Réfléchissez donc bien avant de publier quoique ce soit sur Internet.

10. Se protéger sur Internet : Ne pas oublier vos téléphones et tablettes

On a tendance à séparer l'utilisation d'un téléphone portable ou d'une tablette de celle d'un ordinateur de bureau. Or, ces appareils sont, eux aussi, connectés à Internet et contiennent des données personnelles. Lorsque vous utilisez une application, elle va, souvent, utiliser une connexion internet pour chercher et transmettre des données.

Gardez donc à l'esprit que vos téléphones et tablettes, ainsi que vos objets connectés (type montre connectée ou assistant vocal) sont également concernés par tous ces conseils.

Avec ces 10 bonnes pratiques en tête, nous voilà tous paré à naviguer sur le web en prenant le maximum de précautions. Même si ces éléments deviennent des réflexes pour tous, n'oublions pas que nous ne sommes jamais à l'abri d'un problème : la vigilance est finalement l'élément-clé pour bien se protéger sur Internet, nous devons nous assurer une navigation en toute sécurité. L'important est de toujours rester vigilant et d'apprendre à reconnaître les signes d'une activité malveillante. Tenons-nous toujours informés des avancées technologiques liées au web, cela nous permettra de garder une longueur d'avance !

Protèges toi, toi-même sur internet en utilisons ta tablette ou ton téléphone !

Ugly.
Loser

Perspectives d'évolution des textes pour l'enfant sur internet

La venue du numérique vient bouleverser des systèmes entiers du droit, on parle partout du tout numérique. Nul ne peut maitriser le rythme d'évolution du numérique. Mais les conséquences sur la législation et la réglementation sont déjà présentes, plus particulièrement, les juristes sont encore peu à explorer ce chantier numérique au Congo. Les enjeux sont pourtant nombreux et importants, au regard du double mouvement permanent de relecture et de mise à jour qui affecte plusieurs fondements de lois.

Le numérique met ainsi à l'épreuve les différents textes qui contribuent à la gestion de l'écosystème numérique aujourd'hui : en se fondant sur l'existant et en se projetant sur son potentiel, le numérique soumet les textes d'hier à plusieurs défis, qui concernent autant l'adaptation aux standards actuels qu'à la modernisation des habitudes. Quelques défis sont à relever :

1- Internet village planétaire

Dans ce village planétaire où est donc l'autorité de l'Etat, au niveau national, au niveau international ? A l'international notre pays est souverain et libre, cela suscite du moins des perspectives que de crispations. Sur le plan national, cela se traduit d'ores et déjà par des innovations dont les résultats ne sont pas encore attendus.

L'État et son autorité, d'abord, sont confrontés au développement des technologies du numérique, et notamment d'Internet, qui favorisent le dialogue et les échanges, grâce à des connexions libres, instantanées, interactives et transnationales, et contribuent à la dilution des frontières, au rapprochement des sociétés humaines, à la construction de nouveaux espaces de construction et d'expression des opinions publiques. Le numérique facilite la comparaison permanente des systèmes constitutionnels et des pratiques politiques grâce aux sites institutionnels, aux plateformes wiki et aux blogs, aux outils d'information et de classification. Ces technologies pourraient ainsi favoriser la convergence, voire la standardisation des pratiques, participant d'un double phénomène d'internationalisation et de « globalisation » de la législation.

La souveraineté numérique devrait se reconquérir, à l'échelle africaine, grâce à une politique technologique ambitieuse, à la réforme des modes de gouvernance des réseaux, afin de clarifier les objectifs et les processus décisionnels.

2- La norme des textes numériques est la même partout

Dès lors que le numérique est considéré village planétaire, nous sommes donc tous en face des mêmes réalités parents et enfants, ainsi que les Etats. Les règles sont les mêmes pour tous, la vigilance et la sécurité aussi. Mais les cybercriminels et les modes de vies évoluent au fur et à mesure que la société s'accroit.
Il faut donc une mise à niveau permanente des règles et textes de lois. Cette remise à niveau des textes s'étend aussi aux acteurs administratifs et judiciaires.
La mise à jour des textes renvoie à l'actualisation des registres des textes réglementaires qui découlent de l'usage du numérique par les citoyens. Mais le numérique n'est pas seulement une nouvelle technologie, il est aussi une nécessité d'amender les ouvrages administratifs et de droit.

3- Je respect et je suis libre

Dans cet univers dynamique de changements il y'a des liens étroits entre les technologies du numérique et le droit. Ils se manifestent particulièrement en matière d'exercice des droits et libertés fondamentaux, qu'il s'agisse évidemment des libertés de communication et d'information ou de la protection de la vie privée et des données personnelles. La géolocalisation perfectionnée, la commercialisation du gros de l'internet (Big Data), les nouvelles techniques de surveillance et de fichage, les dérives possibles dans l'utilisation des données personnelles et de santé, la montée en puissance des réseaux sociaux ou la cybercriminalité sont autant de défis posés à la garantie des libertés. L'outil numérique peut être mobilisé au service de la protection de l'ordre et de la sécurité publique autant qu'il peut être vecteur d'atteintes aux droits.

Le numérique constitue un nouvel espace d'exercice des droits et libertés, à la lisière de l'espace public et de l'espace privé, il oblige à réaménager les modalités de garanties ainsi que le contenu de ces droits et libertés, voire d'en créer de nouveau. La redéfinition des contours de la liberté de réunion, de la liberté d'expression et de communication, le droit à l'information et à la participation, s'impose et doit être approfondi. Il y'a des nouveaux droits qui apparaissent : le droit à l'instruction ou le droit au secret du vote, les droits liées au phénomène d'*Uberisation* ou encore *Yango*.

Le numérique fait apparaître des droits de nouvelle génération, tel le droit à l'oubli et le droit qui permet la suppression des résultats fournis à l'issue d'une recherche numérique effectuée à partir de l'identité, nom et prénom d'une personne, la liberté d'accès à internet, ou le droit d'accès aux données en open data, dont les fondements et contours doivent être précisés.

Alors que l'aventure de l'enfant et des citoyens se poursuit dans le village planétaire. L'Etat et toute la société devront mettre en lumière les nouvelles dimensions numériques des libertés individuelles et collectives.

4- Le numérique et son discours

L'avènement du numérique impose des termes techniques dans son discours auprès des acteurs du droit.

Les termes sont nombreux :
Big Data : désigne de vastes ensembles de données collectées par les entreprises, pouvant être explorées et analysées afin d'en dégager des informations exploitables ou utilisées pour des projets de Machine Learning
Open data : désigne un mouvement, né en Grande-Bretagne et aux États-Unis, d'ouverture et de mise à disposition des données produites et collectées par les services publics (administrations, collectivités locales...)
Crowdsourcing : désigne une forme d'externalisation voire de collaboration possible avec des individus à l'extérieur de l'entreprise. Il constitue une alternative aux autres formes de production comme la réalisation en interne, l'externalisation classique, ou l'innovation en réseaux
Tweet : désigne un message publié sur Twitter contenant un texte, des photos, une vidéo.
Ubérisation : désigne un processus économique qui, grâce aux nouvelles technologies numériques, contourne les secteurs classiques de l'économie en créant un nouvel intermédiaire.
Algorithme : désigne la description d'une suite d'étapes permettant d'obtenir un résultat à partir d'éléments fournis en entrée (exemple : une recette de cuisine est un algorithme permettent d'obtenir un plat à partir de ses ingrédients !).

De nombreux nouveaux termes alimentent le langage et les discours numériques, désormais chaque acteur de la société devrait s'approprier ces termes nouveaux pour une compréhension correcte et une intervention parfaite dans les actions en lien avec le numérique.

Voilà les signes d'une véritable évolution du numérique qui impact sur les discours des acteurs de l'Etat et de la société.

Autonomisation de l'enfant en ligne au Congo Brazzaville

Après la lecture et la relecture des différents textes, nous pouvons dire avec l'UNICEF, qu'un enfant est le destinataire passif des contenus internet nuisibles notamment ceux à caractères sexuels, l'enfant étant sollicité par l'adulte (pédophilie) ou par un autre enfant pour participer à des activités dont les abus sexuels sont filmés ou photographiés puis publiés. L'enfant est en position de cible en ligne (cyber-harcèlement). Face au danger, une éducation en matière de sécurité sur internet est fondamentale, afin de protéger les mineurs contre les menaces en ligne.

En ligne nous l'avons vu plus haut, il y'a différents contenus illicites : montrant la violence, montrant des abus sexuels. L'enfant est exposé à l'autodestruction, au suicide, à l'extrémisme. Un plan national est nécessaire pour prendre en compte cette réalité et assurer l'avenir de notre nation.

En 2017 pendant trois (3) jours, le gouvernement congolais et l'Union Internationale des Télécommunications (UIT) ont dans le cadre de la mise en œuvre de l'initiative de l'UIT sur la protection de l'enfant en ligne, et la cybersécurité, ont organisé une réunion de renforcement des capacités des experts en TIC des différentes administrations et associations afin de mettre en place une stratégie nationale de protection de l'enfant en ligne (contre la cybercriminalité).

Cette réunion visait à initier un arsenal juridique de protection de l'enfant en ligne mais aussi à promouvoir et renforcer la participation des autorités, de la société civile, des administrations au progrès du cyberespace.

Les enfants et les jeunes utilisent l'internet, ils sont des utilisateurs finaux, les Etats sont appelés à mettre en place des mesures visant à leur protection contre les contenus non désirés en ligne.

Rappelons que la sécurité de l'enfant dans le cyberespace est partagée entre l'Etat, les parents, les enfants eux-mêmes et la communauté. Ainsi, le plan national devrait apporter des réponses claire et cohérente à cette position actuelle de l'enfant en ligne.

Pour obtenir des bons résultats, les acteurs cités plus haut sont encouragés à travailler ensemble. Si cela ne se fait pas les conséquences vont être plus graves pour nos familles et nos Etats. Les enfants seront face au risque du cyberaddiction. Le cyberaddiction va l'entrainer vers la désocialisation et immédiatement les résultats scolaires vont être impactés, mais aussi créer des risques de dépendance et de perte de l'équilibre familiale.

La question de la sécurité de l'enfant en ligne occupe une place de choix dans la politique de l'Etat dans le secteur du numérique. La protection et d'autonomisation de l'enfant en ligne est un défi multidimensionnel.

RESUME

Cette section poursuit dans la même lancée que la première en favorisant le dialogue entre les enfants et les parents. Les enfants demandent la permission aux parents avant l'utilisation d'Internet. Que les enfants montrent aussi ce qu'ils savent aux adultes.
L'internet et les lois sont là pour protéger les informations personnelles des enfants et des parents. Personne n'a besoin d'avoir accès à certaines de nos données (votre âge, adresse, numéro de téléphone, vos photos, le nom de votre l'école...). Le danger, c'est évidemment que ces informations personnelles permettent à des individus mal intentionnés de nous trouver. Souvent ils se font passer pour un enfant pour établir un lien d'amitié et soutirer des informations personnelles aux enfants.
Le choix des identifiants est très important, toujours garder l'anonymat en utilisant toujours des pseudonymes ou surnoms.
Enfant, . . .
Rester méfiants avec les rencontres en ligne ; des personnes mal intentionnées peuvent abuser de votre ignorance ou de votre gentillesse. N'importe qui peut se cacher derrière un pseudo. Les messageries, c'est pour les amis(es) seulement ! N'acceptez jamais d'inconnus et encore moins de rendez-vous sans en parler à tes parents ou des adultes.
L'utilisation des paramètres de confidentialité proposés par les services numériques est vivement recommandée. Dans les paramètres des comptes de réseaux sociaux il y a toujours la possibilité de choisir qui peut voir quoi. Limitez la visibilité de vos publications.
Réfléchir avant de publier est aussi recommandé. Sache le que toutes informations laissées sur Internet deviennent publiques (les textes et images sont en permanence vus et enregistrés par de nombreuses personnes connues ou inconnues).
Conduisez-vous de façon respectable en ligne. Pas d'insultes, de messages grossiers, de menaces, de rumeurs...
« N'oubliez pas les écrits restent et les sanctions pénales sont lourdes ! »
Certains sites sont des pièges bien établis pour obtenir les informations et les utiliser, en vue de tout détruire autour de vous.
Apprenez à toujours lire et relire les informations diffusées sur internet.
N'achetez jamais en ligne sans autorisation !
Ensemble avec les parents définissez des règles d'utilisation d'internet et des jeux vidéo, surtout en fixant des horaires adaptés à votre âge.

Au moindre problème le dire à ses parents. Vous êtes menacés ? Vous avez un souci alors parlez-en.

CONCLUSION

Au terme de cette publication, nous nous permettons de dire : Merci la civilisation du numérique, oui le numérique respecte les règles et usages établies par l'Etat protecteur de ses concitoyens ! Mais méfions-nous de la civilisation du numérique lorsque le numérique est semblable aux crimes passifs ou actifs.
Le monde numérique fait naître des vives réactions sur ses dangers des différentes transformations liées à la qualité de ce qu'on offre à partager, à lire, à voir à nos enfants. Une partie de la société est indifférente, mais cette indifférence ouvre la porte aux connexions à des mauvais contenus sur le web. Nous devons tous apprendre à devenir responsables et nous assurer que nos enfants soient exposés à un internet positif et formateur.
Certes, à la maison devant les parents, certains enfants regardent des contenus de qualité ; qu'est ce qui se passe lorsque nous ne sommes pas avec eux. Toutefois, en tant que consommateurs, nous pouvons aller plus loin et exprimer notre appui à une startup ou application diffusion des contenus de qualité ou encore signaler auprès des responsables des diffusions de contenus internet du pays, à la commission de protection des données ou au Conseil supérieur de la liberté de communication.

L'Etat exige des contenus internet qui respectent les règles de protection des données, mais le même Etat, voudrait aussi que les enfants passent un temps réglementé devant les différents écrans dans l'espace numérique ou audiovisuel et le respect de la publicité surtout aux mineurs.

Cependant, c'est la confiance parents - enfants qui devrait contribuer à veiller au respect des règles de protection de données personnelles et à signaler en permanence les contenus à caractère violent ou sexuel. Pour y arriver cette confiance parents - enfants doit adopter des règles d'éthique concernant l'usage de l'internet au sein de la famille. Le résultat de tout cela va être un témoignage d'une société qui prend ses responsabilités envers l'enfant qui grandit avec l'internet en toute sécurité dans le cyberespace.
Pour rappel, hier les livres mais en son temps aussi le cinéma étaient considérés comme des ennemis de la bonne éducation : mauvaises influences sur la moralité des jeunes si influençables. Aujourd'hui, nous faisons tous l'éloge des livres et reconnaissons le potentiel éducatif et de divertissement du cinéma. Choisissons des outils numériques qui sont le juste reflet de ce que nous sommes : des parents qui rêvent d'une progéniture réfléchie, créative, capable de refuser la consommation de violence, de pornographie, d'insignifiance ou du *kulunalisme.*

Table des matières

Printed by Books on Demand GmbH, Norderstedt / Germany